WENDEKORPUS

WENDEKORPUS

WENDEKORPUS

Hannes Bajohr

Frohmann/0x0a

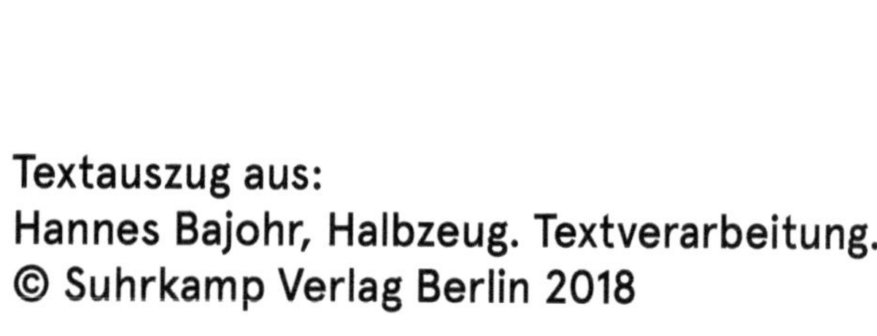

wir atmen wieder, aber
welche luft?

wir bedauern das nach
wie vor

wir begründen heute
unseren gemeinsamen
staat

wir begrüßen ihn aus
ganzem herzen

wir bekamen 30 sitze im
rathaus

wir bekamen nicht einmal
eine einladung

wir bekennen uns zu
sozialistischem
unternehmergeist

wir bekennen uns zu
unserer friedenspflicht

wir bekommen täglich
post zur eigentumsfrage

wir besitzen sie doch
überhaupt nicht

wir blieben einfach nicht
hart genug

wir blieben strittig an
diesem tag

wir brauchen aber auch
weitere unterscheidungen

wir brauchen
freundlichkeit und güte,
charme

wir brauchen hilfe zum
selbständigen überleben

wir brauchen
machtausübung durch
das volk

wir brauchen mut zu
radikalen lösungen

wir brauchen schnell die
ersten schritte

wir brauchen ware, keine
hohen preise!

wir, die union, sind
standfest geblieben

wir drängten unsere
zweifel einfach zurück

wir dürfen nicht noch
mehr zerreden

wir dürfen sie uns nicht
leisten

wir entsinnen uns an die
regierungserklärung

wir erheben keine
gebietsansprüche im
osten

wir erinnern an die
politisch verfolgten

wir erwarten von ihnen
keine opfer

wir essen gemeinsam auf
dem hof

wir fahren in der
aussprache fort

wir fahren in der
tagesordnung fort

wir fordern den rücktritt
der sed

wir fordern die
entmachtung der
staatssicherheit

wir fordern es für alle
deutschen

wir gehen etage für
etage ab

wir gehen wieder auf die
straße

wir greifen dieses
angebot gern auf

wir grüßen sie im neuen
jahrzehnt!

wir haben aber damit
nichts erreicht

wir haben angst und
hoffnungslosigkeit
erfahren

wir haben angst und sind
wütend

wir haben auch dort
beides gehabt

wir haben da auch unsere
würde

wir haben da ungute
erfahrungen gehabt

wir haben damit nichts
zu tun

wir haben das hier
deutlich gemacht

wir haben das im
bundestag gesagt

wir haben dazu eine
eigene meinung

wir haben den krieg
dreimal verloren

wir haben die wahrheit
nicht gepachtet

wir haben diese
tagesordnung soeben
bekommen

wir haben diese unselige
zeit überwunden

wir haben doch eine
einigung erzielt

wir haben ein recht auf
dialog

wir haben ein recht auf
information

wir haben ein recht auf
reisefreiheit

wir haben ein recht auf
widerspruch

wir haben ein recht, uns
einzumischen

wir haben erneut eine
offene grenze

wir haben es nicht gleich
gekonnt

wir haben es nicht zu
verschenken!

wir haben es wieder mal
geschafft

wir haben es, glaube ich,
nötig

wir haben ganz konkrete
ideen dazu

wir haben in acht
sitzungen beraten

wir haben in dieser frage
abgestimmt

wir haben jetzt diese eine
chance

wir haben keinen grund
zur genugtuung

wir haben leider viel zeit
verloren

wir haben nicht einmal
ein telefon!

wir haben privaten grund
und boden

wir haben schon wieder
keinen winter

wir haben sehr intensiv
darüber gesprochen

wir haben sehr viele
verbale zugeständnisse

wir haben uns da völlig
mißverstanden

wir haben uns ja
kennengelernt erst

wir haben uns selbst
bedingungen gesetzt

wir haben unser erbe
nicht aufgegeben

wir haben zeit verloren
und vertrauen

wir haben zur zeit keine
alternativen

wir halten das für einen
durchbruch

wir hatten am ende nie
probleme

wir hatten das im
ausschuß diskutiert

wir hatten das problem
schon jahrelang

wir hatten den platz für
uns

wir hätten keine
regierung wählen
brauchen

wir hoffen, daß sie
darüber nachdenkt

wir hofften, man würde
uns rufen

wir kamen schon alle
miteinander aus

wir kaufen, weil wir
süchtig sind

wir kennen uns bald 15
jahre

wir kinder wollen auch
was sagen!

wir kommen noch einmal
zur abstimmung

wir können den vorgang
nicht beeinflussen

wir können es natürlich
revolutionär nennen

wir können nicht allen
alles versprechen

wir können sie nicht mehr
halten

wir lassen euch nicht
im stich

wir lassen uns das nicht
bieten

wir lassen uns nicht mehr
bevormunden

wir leben beide in diesem
gebiet

wir lebten in einem
geteilten land

wir lehnen diesen antrag
demzufolge ab

wir machen der ddr
keinerlei vorschriften

wir machten uns auf
den weg

wir möchten, daß europa
europa hilft

wir müssen an
unsere verantwortung
denken

wir müssen an unseren
zeitfonds denken

wir müssen da also alleine
weitermachen

wir müssen den mut dazu
finden

wir müssen hinunter zu
den stämmen

wir müssen jetzt
zusammenfügen statt
trennen

wir müssen leider noch
einmal abstimmen

wir müssen über das
geschehene reden

wir müssen überall ganz
unten anfangen

wir müssen uns dieser
verantwortung stellen

wir müssen zweifellos
zwei zeiträume sehen

wir mußten also viel
aktuelles produzieren

wir müßten sie allerdings
offiziell anmelden

wir nehmen diese
meinung zur kenntnis

wir nehmen vorhandene
soziale ängste ernst

wir respektieren diese ent-
scheidung des präsidiums

wir scheuen diese
öffentliche kontrolle nicht

wir schicken ihnen gerne
informationsmaterial zu

wir sehen diese
entwicklung mit sorge

wir sehen vielfältige
auflösungserscheinungen
der ddr

wir sind auf diese
aufgaben vorbereitet

wir sind bereit, diesen
gedanken aufzugreifen

wir sind eben nicht das
volk

wir sind eigentlich in der
aussprache

wir sind für einen zivilen
wehrersatzdienst

wir sind gerade bei den
abstimmungsmodalitäten

wir sind in beiden ländern
gewesen

wir sind insoweit ein
offenes land

wir sind noch kein stück
weiter

wir sind noch weit davon
entfernt

wir sind überhaupt nicht
darauf eingerichtet

wir sind um weitere
verbesserungen bemüht

wir sind uns dessen voll
bewußt

wir sind verantwortlich,
die ruhe herzustellen

wir sind weiter zur
zusammenarbeit bereit

wir sind willens, diese
schuld abzutragen

wir sind zeugen eines
phänomens geworden

wir sind zu folgendem
ergebnis gekommen:

wir sind zur zeit 11
parlamentarier

wir sollen nur als
bittsteller kommen

wir sollten auch das
andere wahrnehmen

wir sollten bei diesen
texten bleiben

wir sollten das auch nicht
vergessen

wir sollten die hoffnung
nicht aufgeben

wir sollten nicht wieder
darauf verzichten

wir sollten uns auf
sachfragen verständigen

wir sozialdemokraten
haben unser versprechen
gehalten

wir stehen vor einer
klaren alternative

wir stehen zur schuld der
partei

wir stellen der regierung
folgende fragen:

wir tragen bei zur
hochkonjunktur, oder?

wir tragen schließlich alle
unser kreuz

wir träumten auch, als
keiner schlief

wir treten aus unseren
rollen heraus

wir tun das für unsere
seite

wir unterstützen den
antrag der cdu

wir verfolgen eine politik
des dialogs

wir verließen also die
kreuzung buchholzer

wir versuchen, dem
rechnung zu tragen

wir vertreten die
interessen der
werktätigen

wir von radio ddr sind
gastgeber

wir war'n das tier im
jagdrevier!

wir waren am
hauptbahnhof im einsatz

wir waren mitten in der
abstimmung

wir waren zusammen in
bautzen eingesperrt

wir waren zutiefst
romantisch und religiös

wir wenden uns an die
jugend

wir werden daran zu
tragen haben

wir werden das auch
nicht tun

wir werden es auch
so schaffen

wir werden hundert-
tausende von prozessen
haben

wir werden sie beim wort
nehmen

wir werden uns daran
messen lassen

wir wiederholen noch ein-
mal unseren standpunkt

wir wissen beide, wovon
wir reden

wir wollen an dieser
sache weiterarbeiten

wir wollen da nicht
mißverstanden werden

wir wollen den betrieb
ausbauen, modernisieren

wir wollen die
koordinierte linke aktion!

wir wollen diesen weg
zielstrebig weitergehen

wir wollen gleiches recht
für alle

wir wollen ihn mit allen
gehen

wir wollen jetzt keine
panik erzeugen

wir wollen nicht kneifen,
sondern kämpfen

wir wollen nicht länger
seiltänzer sein

wir wollen nicht ohne
gedächtnis leben

wir wollen recht und
keine rache!

wir wollen recht und
nicht rache!

wir wollen, daß unser
land gesundet

wir wollten keine leere
worthülse verwenden

wir wollten nicht in verruf
geraten

wir wollten nur das alte
stürzen

wir wollten so sehr geliebt
werden

wir wurden oft nicht
ernst genommen

wir wußten nicht, wo es
hingeht

wir zücken stifte, stellen
aufnahmegeräte an

»Wir blieben strittig an diesem Tag.«
Über *Wendekorpus*

»Wir« ist ein gewalttätiges Wort. Nicht nur, weil ein Wir immer auch ein Ihr oder ein Sie braucht, das es ausschließt. Die Gewalt im Wir ist auch eine einschließende. Wer »Wir« sagt, verleibt sich die ein, die er mitmeint. Ein Wir verspeist. Und doch scheint einem Wir nur ein anderes Wir Widerstand leisten zu können.

Es sei denn, man kann sich dem ganzen Wir-Sagen entziehen. Die 30 Jahre, die seit dem Mauerfall vergangen sind, der heute von einem offiziellen Wir gefeiert wird, sind nicht lang

genug gewesen, die kleinen mitge-
meinten und mitverspeisten Wir auch
völlig zu verdauen. Geht man auf diese
Zeit zurück, deren Filmbilder heute
zu Ikonen eines linearen, zwangsläu-
figen Geschichtsverlaufs geworden
sind, und betrachtet stattdessen ihre
Sprachbilder, zeigt sich eine Vielfalt
von Wir, die nur als einzelne bestehen
können.

Der »Wendekorpus Ost+West« des
Instituts für Deutsche Sprache ent-
hält tausende Wir. Seiner offiziellen
Beschreibung nach wurde er »im
Rahmen des Projektes Gesamtdeut-
sche Korpusinitiative, arbeitsteilig im
IDS und im früheren Zentralinstitut für
Sprachwissenschaft, ehemals zur Aka-
demie der Wissenschaften der DDR

gehörend« erarbeitet. Er umfasst ca. 3,3 Millionen laufende Wortformen aus 3.387 Texten, zusammengestellt aus Zeitungsartikeln, Flugblättern, Interviews, Reden und Plenarprotokollen aus Ost und West, die zwischen Mitte 1989 und Ende 1990 – im Niemandsland zwischen Mauerfall und Wiedervereinigung – entstanden sind.

Über die Webseite des Instituts für Deutsche Sprache kann man auf diesen Korpus der Wendezeitsprache zugreifen. Dazu stellt das IDS ein Korpusanalyseprogramm zur Verfügung: Mit COSMAS II kann man nach bestimmten Wortformen, Verbindungen, Kollokationen und Konkordanzen suchen. Oder die kleinen Wir sich dem großen Wir entziehen lassen.

Für *Wendekorpus* habe ich alle mit
»Wir« beginnenden Sätze ausgeben
lassen; um einer lesbaren, konzisen
Form willen habe ich die Satzlänge auf
exakt sechs Wörter beschränkt: kurz
genug für klare Aussagen, lang genug,
um Nuancen zuzulassen. Das Ergeb-
nis ist kein großes Wir, sondern viele
kleine. Ein widersprüchliches, schizo-
phrenes und identitätskonfuses Stim-
mengewirr der Wendezeit, das keine
Auflösung braucht und keine will:
»Wir blieben strittig an diesem Tag.«

Hannes Bajohr
3. Oktober 2019

Hannes Bajohr (Hg.): Code und Konzept. Literatur und das Digitale. Frohmann 2016, 16 €. ISBN: 978-3-944195-86-5

Dieser Band ist der Versuch, zwei Richtungen experimenteller Literatur dazu zu bringen, sich gegenseitig ihre Verbundenheit einzugestehen. Ihre Mittel und Methoden ähneln sich häufig, ihre Referenzgrößen und ihre Überzeugungen, was den Status von Text, Autor und Performance in der Literatur der Gegenwart angeht, sind oft dieselben. Und doch werden diese Richtungen, obwohl viele ihrer Vertreter_innen sich in beiden Traditionen zuhause fühlen und auf sie Bezug nehmen, selten zusammen gedacht. Die Rede ist vom konzeptuellen Schreiben einerseits und digitaler Literatur andererseits. Mit Beiträgen von Florian Cramer, Allison Parrish, Vanessa Place, Jörg Piringer, Gregor Weichbrodt u. v. a.

Hannes Bajohr: Halbzeug. Textverarbeitung. Suhrkamp 2018, 16 €. ISBN: 978-3-518-07358-2

Wo alles Text ist, weil alles Code ist, gibt es kein Werk mehr, nur noch Halbzeug, vorgefertigtes Rohmaterial. Bilder, Filme, Töne, Wörter – im Digitalen ist alles offen dafür, wieder und weiter- verarbeitet, transcodiert und prozessiert zu werden. Hannes Ba- johrs Lyrikband beweist, dass aus recycelten Texten scharfsin- nige Gedichte entstehen können. Inspiriert von der Avantgarde der Moderne, bedient er sich der Technik des 21. Jahrhunderts: Mit Hilfe von Algorithmen hat er u. a. die Romane Kafkas, Bun- destagsprotokolle oder Klimaschutzberichte fragmentiert, tran- skribiert und neu geordnet. Seine Gedichte eröffnen so einen ganz anderen Blick auf Rezeption und Autorschaft im Zeitalter der Digitalisierung.

»Wendekorpus« erschien zuerst in:
Hannes Bajohr, *Halbzeug. Textverarbeitung*,
Suhrkamp 2018.

Textabdruck 2019 mit freundlicher Genehmigung durch Suhrkamp Verlag Berlin.

Hannes Bajohr ist Teil des Textkollektivs 0x0a.

www.0x0a.li | www.hannesbajohr.de

Dies ist ein Titel der Reihe Frohmann/0x0a.
www.orbanism.com/frohmann

ISBN: 978-3-944195-17-9

Die Deutsche Nationalbibliothek verzeichnet diese Publikation in der Deutschen Nationalbibliografie; detaillierte bibliografische Daten sind im Internet über http://dnb.d-nb.de abrufbar.